Teacher's note: Have children trace over the letter and colour the picture when the study of the focus letter is complete.

Channel

Trace over

Channel

Trace over

Copy

Trace over

Aa

Bb

Channel

b b b b b

Trace over

b b b b b

Copy

b

Trace over

bee bee bee

Channel

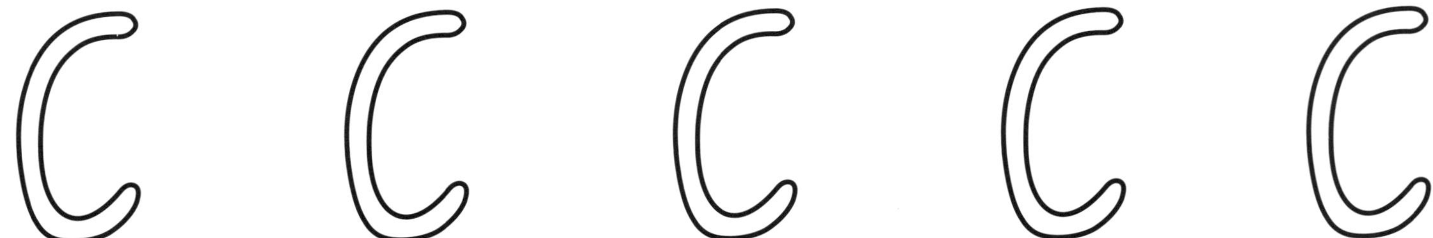

Trace over

c c c c c

Copy

c

Trace over

cake cake cake

Cc

Dd

Channel

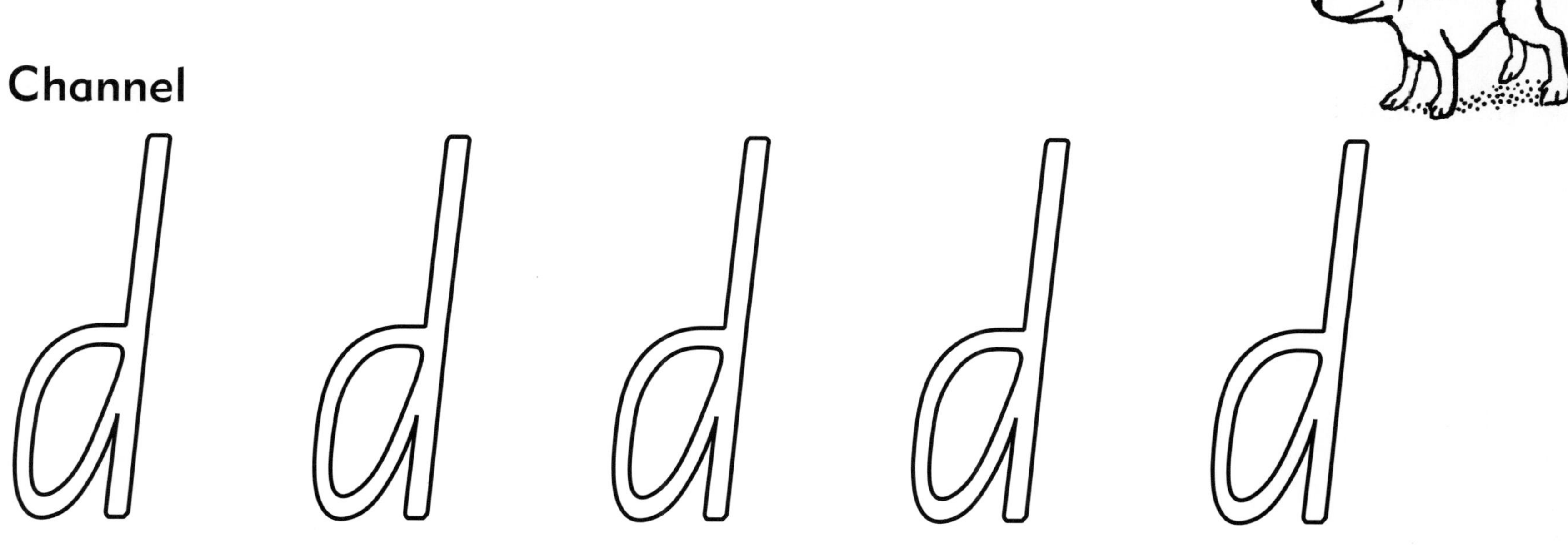

Trace over

d d d d d

Copy

d

Trace over

dog dog dog

Channel

e e e e e

Trace over

e e e e e

Copy

e

Trace over

ears ears ears

Ee

Ff

Channel

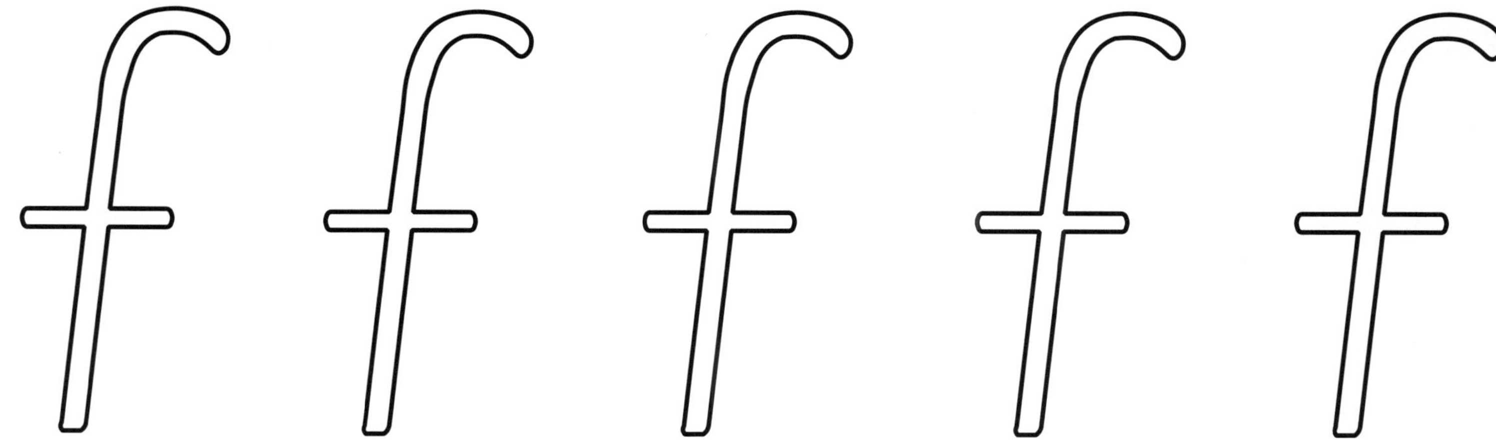

Trace over

f f f f f

Copy

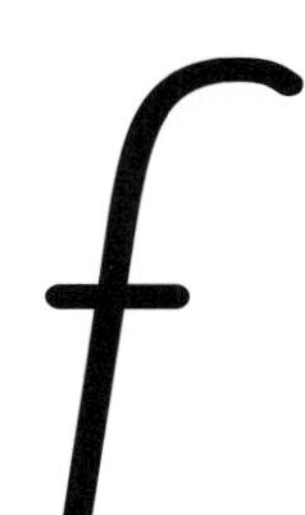

Trace over

foot foot foot

Channel

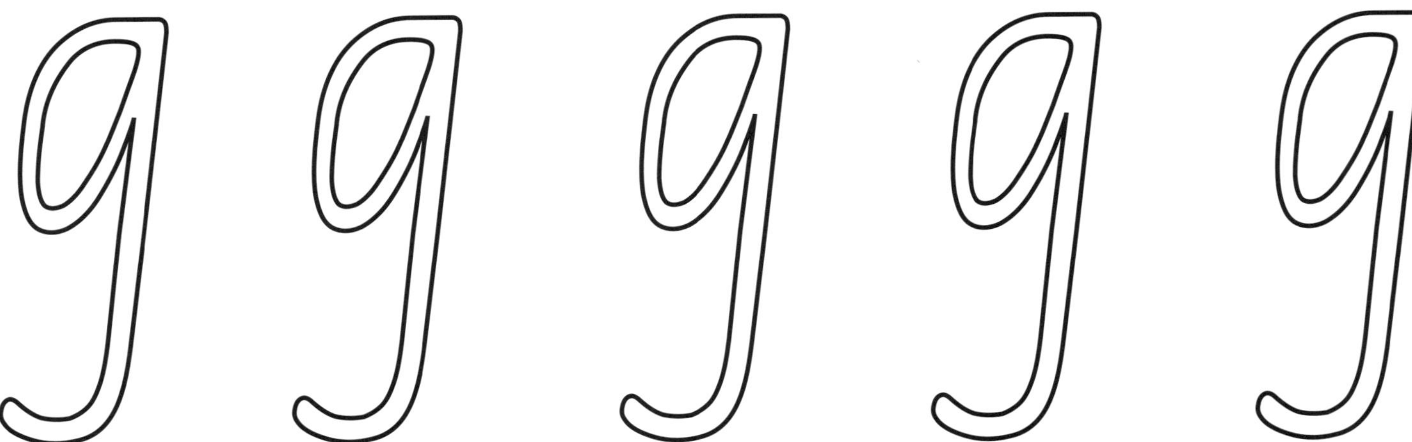

Trace over

Copy

Trace over

goat goat goat

Gg

Hh

Channel

Trace over

h h h h h

Copy

h

Trace over

hand hand hand

Channel

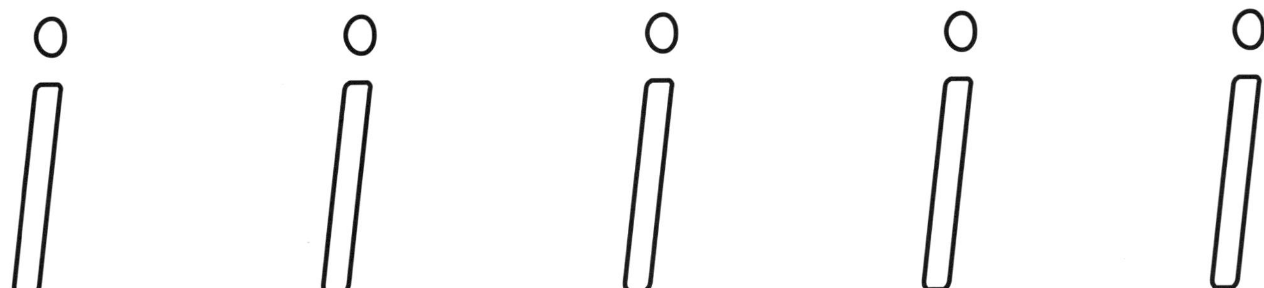

Trace over

Copy

Trace over

igloo igloo igloo

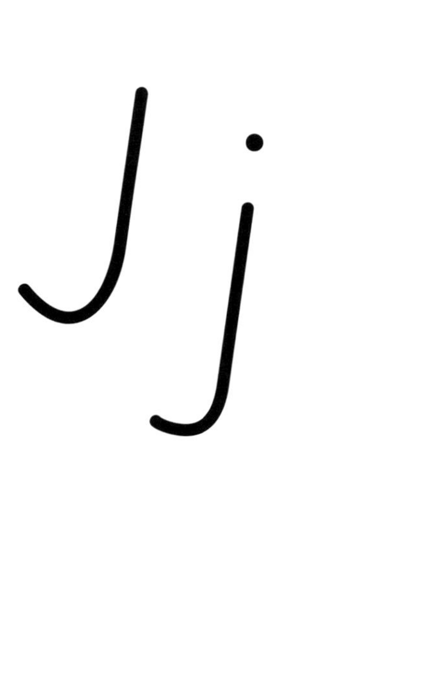

Channel

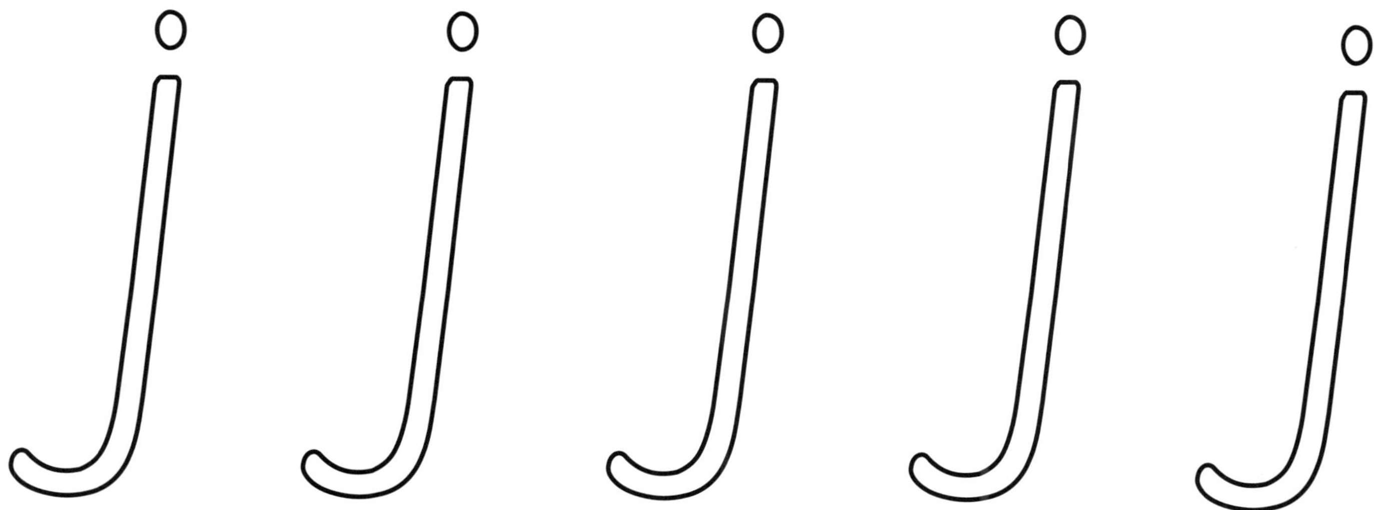

Trace over

Copy

Trace over

jigsaw jigsaw

Channel

k k k k k

Trace over

k k k k k

Copy

k

Trace over

king king king

Kk

LI

Channel

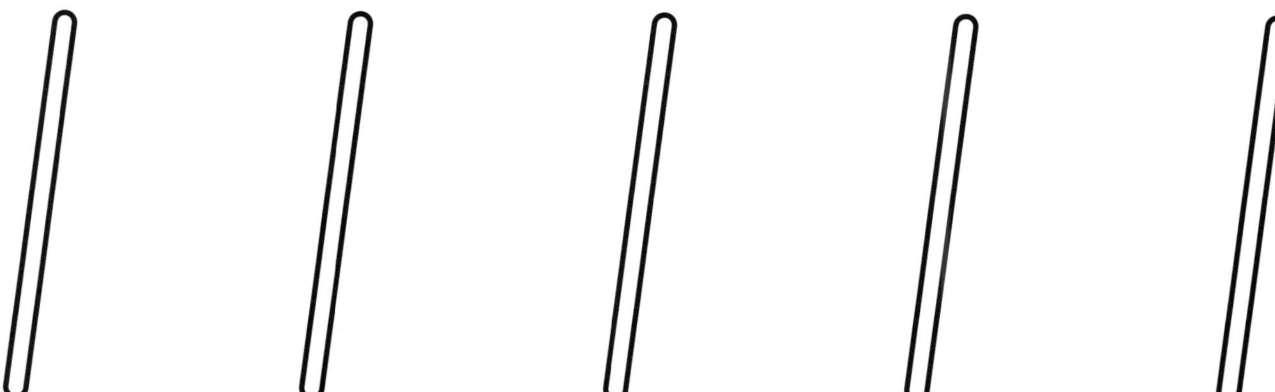

Trace over

Copy

Trace over

lips lips lips

Channel

m m m m

Trace over

m m m m

Copy

m

Trace over

mouse mouse

Mm

Nn

Channel

n n n n n

Trace over

n n n n n

Copy

n

Trace over

nest nest nest

Channel

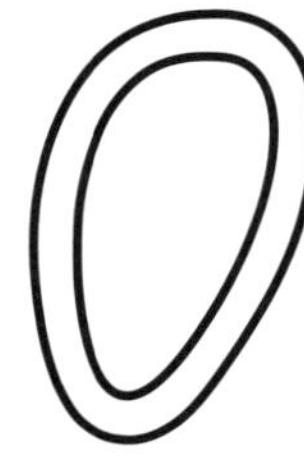 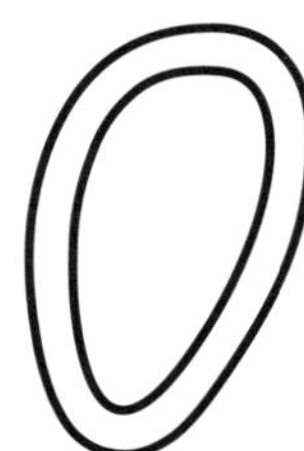 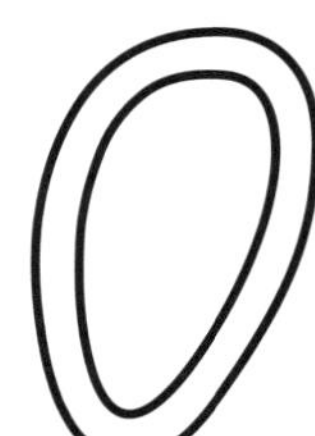  

Trace over

o o o o o

Copy

o

Trace over

octopus octopus

Oo

Pp

Channel

p p p p p

Trace over

p p p p p

Copy

p

Trace over

pig pig pig

Channel

q q q q q

Trace over

q q q q q

Copy

q

Trace over

queen queen

Qq

Rr

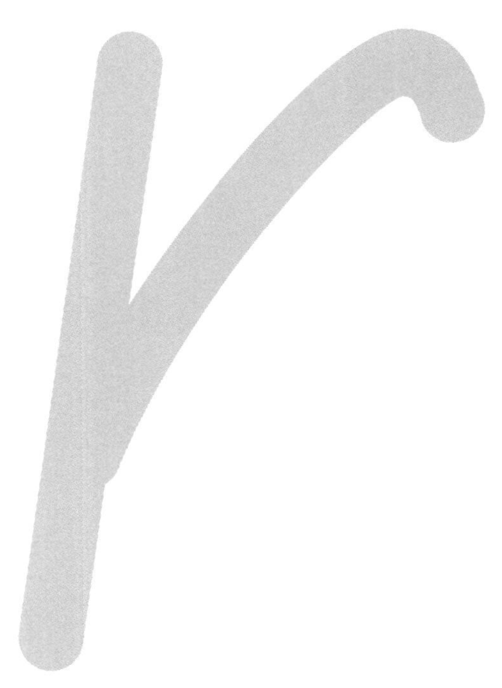

Channel

r r r r r

Trace over

r r r r r

Copy

r

Trace over

rabbit rabbit

Channel

s s s s s

Trace over

s s s s s

Copy

s

Trace over

snake snake

Ss

T t

Channel

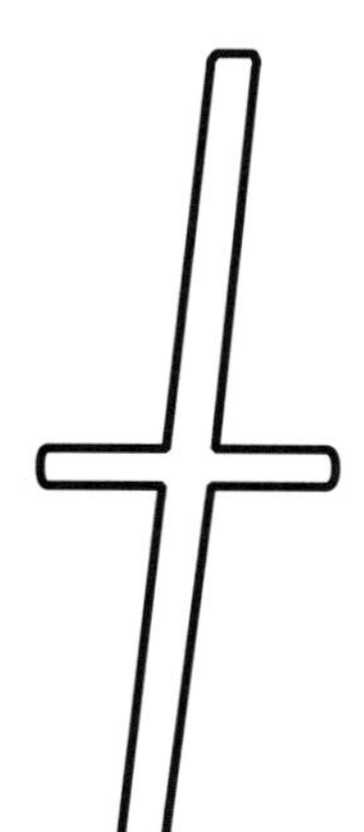 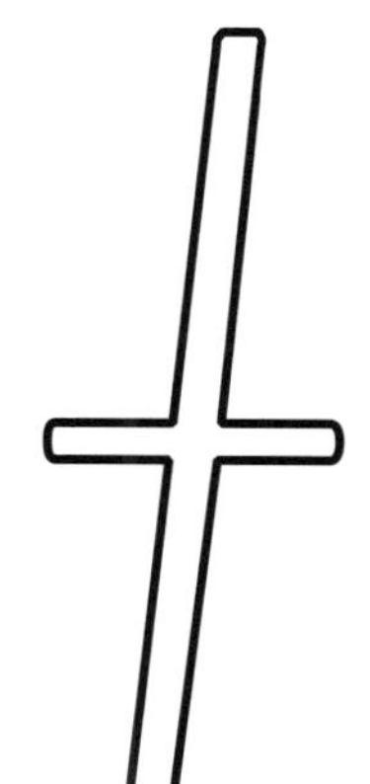 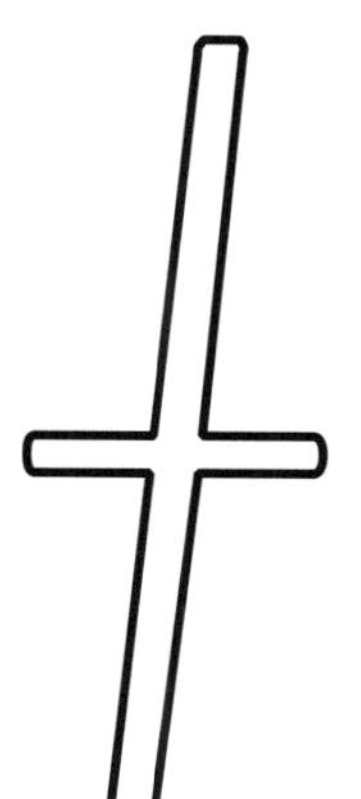 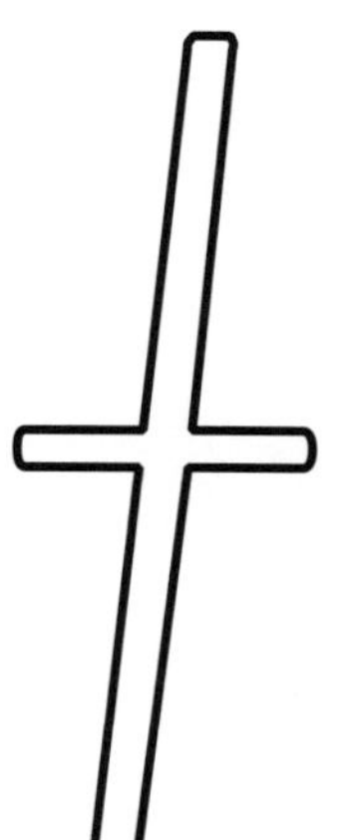

Trace over

Copy

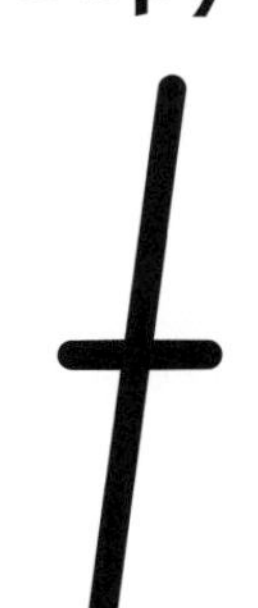

Trace over

tent tent tent

Channel

u u u u u

Trace over

u u u u u

Copy

u

Trace over

umbrella umbrella

Uu

Channel

v v v v v

Trace over

v v v v v

Copy

v

Trace over

vet vet vet

Channel

w w w w

Trace over

w w w w

Copy

w

Trace over

wand wand

Ww

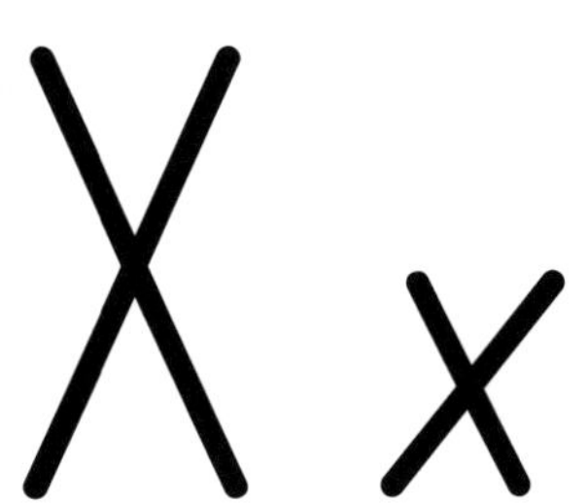

Channel

Trace over

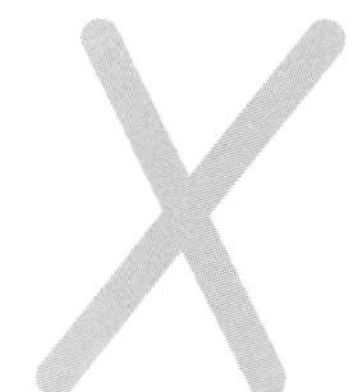    

Copy

Trace over

Channel

y y y y y

Trace over

y y y y y

Copy

y

Trace over

yacht yacht

Yy

Zz

Channel

Z Z Z Z Z

Trace over

Z Z Z Z Z

Copy

Z

Trace over

zebra zebra

Find and trace over the letters of the alphabet. Colour the picture.